Коррупция в России: актуальные тенденции и перспективы

Взгляд российских студентов

Коррупция в России:
актуальные тенденции и перспективы
Взгляд российских студентов

Corruption in Russia:
Current Trends and Outlooks
A Russian Student Perspective

Edited by

Elena Denisova-Schmidt & Elvira Leontyeva

Europäischer Hochschulverlag

Published in 2013 by
Europaeischer Hochschulverlag GmbH & Co KG of
Fahrenheitstraße 1, 28359 Bremen, Germany
www.eh-verlag.de
office@eh-verlag.de

ISBN/EAN: 978-3-86741-862-1

All rights reserved.
No part of this publication may be
reproduced or transmitted, in any form
or by any means, electronic, mechanical, photocopying,
recording or otherwise, or stored in any retrieval
system of any nature, without the written permission
of the copyright holder and the publisher, application
for which shall be made to the publisher.

Foreword

This book continues the students' debates on corruption from Elena Denisova-Schmidt and Elvira Leontyeva 'Corruption in Everyday Life, Business and Culture – A Russian Student Perspective' (Bremen: Europäischer Hochschulverlag, 2012).

Can Russia overcome corruption? This might seem to be a rhetorical question. Students from the Pacific National University in Khabarovsk discuss this question, however, and try to find an answer. The contributors to this volume – Mark Leontyev, Vera Li-In, Anastasiia Mel'nichenko, Evgenii Nikitenko, Ekaterina Oleinik, Irina Ostroukhova, Juliya Samsonova, Liudmila Starygina, Margarita Ulyanova, Irina Yun and Svetlana Yatsuk – have different opinions. They describe best practices from other countries, provide some innovative solutions and attempt to explain the phenomenon of corruption in Russia by referring to history, grounding their viewpoints in sociological surveys and giving many examples from Russian literature and daily life.

This project was made possible by an award received by Dr. Elena Denisova-Schmidt (University of St. Gallen, Switzerland) and Professor Elvira Leontyeva (Pacific National University, Khabarovsk, Russia) from the Ministry of Education and Research of the Russian Federation (*'Formirovanie tsennostnykh ustanovok i stereotipov vospriiatiia korrupcii u studencheskoi molodezhi'*, No 14.B37.21.0267).

The opinions expressed in these articles are solely those of the authors and do not necessarily reflect the views of the volume editors. All texts were carefully edited by Dr. Svetlana Abramova (University of Washington, USA). The illustrations used on the book cover were created by the Information and Design Centre of Pacific National University.

December 2012

Elena Denisova-Schmidt Elvira Leontyeva
Switzerland Russia

Foreword — 5

Марк Леонтьев
Восприятие коррупции в России: феномен кухонного сознания — 9

Вера Ли-Ин
Шепот разума заглушал только шелест купюр — 15

Анастасия Мельниченко
Борьба с коррупцией в России: история, современность и возможные решения проблемы — 22

Евгений Никитенко
Искоренение коррупции? С кого начнем? — 31

Екатерина Олейник
Россия одержит победу над коррупцией — 35

Ирина Остроухова
Может ли коррупция стать пережитком прошлого в России? — 39

Юлия Самсонова
Можно ли победить коррупцию в РФ? — 44

Людмила Старыгина
Коррупция — неизлечимая болезнь России — 47

Маргарита Ульянова
Коррупция в России: большой ураган или маленький шторм? — 50

Ирина Юн
Бессмертная и долговечная коррупция в России. Историческое прошлое и современность — 54

Светлана Яцук
Можно ли победить коррупцию в России: опыт Сингапура и Гонконга — 58

Марк Леонтьев

Восприятие коррупции в России: феномен кухонного сознания

Тема коррупции, да еще и в России, естественно, не представляет собой ничего уникального, и уже очень давно не представляет собой ничего интересного. Об этом действительно сказано и написано столько, что лучше за эту тему и не браться совсем. Тем не менее, данная статья так или иначе затрагивает именно тему коррупции, и именно в России. В работе делается попытка объяснения отличительных особенностей того процесса, который принято называть «отношением к коррупции», применительно к современным российским реалиям.

Как уже было сказано, на тему коррупции в России успело прозвучать просто невероятное количество различных мнений и точек зрения. Встречаются среди них откровенно веселые, являющиеся образцово-показательными юмористическими продуктами, вроде «Путин. Коррупция. Независимый экспертный доклад» под редакцией Бориса Немцова и др.[1] Существуют и гораздо более серьезные научные труды Алены Леденевой[2]. И много еще каких работ на эту тему есть.

По существу всех их объединяет наличие ссылок на различного рода международные организации, которые постоянно кормят нас ужасающими фактами, рейтингами, таблицами,

---

[1] Путин. Коррупция. Независимый экспертный доклад. [Электронный ресурс]. Режим доступа: http://www.putin-itogi.ru/putin-i-korruptsiya/ (дата обращения: 07.12.2012).

[2] Lebedeva A. How Russia really works: the informal practices that shaped post-Soviet politics and business. London: Cornell University Press, 2006.

и прочими цифрами³. И опровергать эти цифры действительно невозможно. Коррупция в России действительно есть. И это еще один пункт, который объединяет все написанные на тему коррупции в России работы.

В контексте данной статьи хочется сказать немного о другом. А именно о том, что означает для современного русского человека коррупционный вопрос, который с таким большим наслаждением муссируется в различных выступлениях и докладах⁴.

Коррупционный вопрос в сущности своей определяет тот социально-политический фон, в котором живет человек. То есть в нашей стране вопрос отношения к коррупции детерминирует отношение к власти вообще и формирует тем самым социально-политический фон, который в нашей стране уже давно упирается в императив о плохой власти. И когда мы пытаемся, например, ответить на вопрос, можно ли преодолеть коррупцию в России, мы должны понимать, что первым шагом на тропе этих размышлений должен стать отказ от установки на то, что власть всегда берет взятки. Потому что это очень легко – рассуждать о том, что все берут. Нет ничего легче, чем списать все проблемы в различных сферах на мздоимство проворовавшихся чиновников. Именно так уже давно привыкли поступать наши граждане. Не отдавая, однако, себе отчета в том, что нечестно поступает уже не власть, а сами граждане. К сожалению, это и является отличительной особенностью российской коррупции – нечестное отношение нашего народа к этому нечест-

---

[3] ИВК-2011. [Электронный ресурс]. Режим доступа: http://www.transparency.org.ru/indeks-vospriiatiia-korruptcii/ivk-2011 (дата обращения: 07.12.2012).

[4] СПРАВЕДЛИВОСТЬ: межрегиональная общественная организация. [Электронный ресурс]. Режим доступа: http://www.s-pravdoy.ru/library2/sit-korrupcia.html (дата обращения: 07.12.2012)

ному явлению. Вся соль русской коррупции сегодня состоит не в ее масштабах. Чего уж там, лет двадцать назад можно было наблюдать и не такое. Сегодня вся соль русской коррупции в нашем национальном отношении к этому явлению. Не может русский человек признаться в том, что он живет плохо не потому, что все вокруг него берут взятки, а потому, что он, не имея для себя никакой жизненной цели, побрившись налысо, был отчислен со второго курса техникума за пьяную драку с китайцами, и теперь, в обнимку с бутылкой, подрабатывает вахтером.

Вся трагедия в том, что русского человека не волнует коррупция сама по себе. Она волнует его как повод, чтобы кричать о своих личных проблемах, о своей кухне. Так возникает миф о коррупции в России. Миф не в смысле чего-то лживого или сильно преувеличенного. Нет. Миф в смысле важности этой проблемы для современного русского человека. Для человека, которого гораздо сильнее волнует не сама проблема, а возможность о ней поразглагольствовать применительно к своим личным, кухонным делам. Так и появляется миф о коррупции, который сидит в головах и прочно упирается в феномен кухонного сознания всего российского народа. Это тот феномен, который в разные жизненные периоды приобретает различные формы и выражения. Так, политически концентрированным выраженным этого феномена является общенациональная установка «власть всегда плохая», «власть всегда берет взятки».

Повторюсь, было бы наивно и неправильно говорить, что это все не так, что это все неправда. Что в русском языке вообще нет такого слова «коррупция», а жаргонизмы типа «распил» употребляются лишь инженерами в области лесообработки. Просто дело немножко в другом. Дело в том, что редко когда в России можно встретить человека, который уверен в том, что власть плохая потому, что он эту власть изучает, или, по крайней мере, регулярно интересуется теми новостями, которые говорят о том, что с этой властью происходит. Гораздо чаще можно встретить человека, который уверен, что власть плохая потому, что вот уже который год у нас так принято и заведено об этом говорить. И взятки она берет потому, что уже который год об этом принято вспоминать в контексте любой другой темы для обсуждения.

Автору данной статьи вспоминается по этому поводу беседа с одним молодым человеком, который нещадно ругал краевые власти за то, что они, как принято говорить, «пилят бюджет». В ответ на вопрос, откуда у него такая информация, молодой человек с недоумением ответил: «Что за вопрос? Это общеизвестный факт». Вот и весь сказ.

И сама российская коррупция таким образом совершенно исчезает. Остается лишь ее восприятие. Факты замусоливаются до такой степени, что все разговоры о коррупции становятся обыкновенной дежурной беседой, как разговоры о погоде.

Говоря о специфике восприятия коррупции в нашей стране, приходится констатировать у русского человека отсутствие умения абстрагироваться от своих мелкобуржуазных влечений и умения ощущать себя частичкой нации, как бы пафосно это ни звучало.

Ощущение себя как части одного гигантского суперэтноса, конечно, не решит проблему коррупции в России, но это позволит сделать первый шаг – позволит по-честному посмотреть на эту проблему. А значит, позволит нам воспринимать ее уже совершенно по-иному. Позволит посмотреть на эту проблему саму по себе, а не в том контексте, что «я не могу устроить ребенка в детский сад, потому что все куплено».

Страшен также тот факт, что размахивая тотемом коррупции, мы кричим о ней на каждом углу и говорим о ней всем без разбора. В том числе некоторым организациям, которые потом составляют на известно чьи деньги неизвестно откуда взявшиеся рейтинги и преподносят их нам в качестве стимула для того, чтобы мы и дальше продолжали кричать об этом на каждом углу[5].

В связи с этим вспоминается рассказ одного русского студента, получающего сейчас высшее образование в Китае. За время своего обучения в Китае он неоднократно становился случайным свидетелем бесед китайцев между собой относительно того, как они, китайцы, недовольны той или иной ситуацией, имеющей место быть у них в стране или в провинции. Стоило же этому нашему русскому студенту включиться в их диалог и начать задавать вопросы, как они моментально делали глупые лица и либо сводили все к шутке, либо убеждали его в том, что не так все плохо. Подобного рода картины имел счастье наблюдать и автор этой статьи. Это действительно невероятное по своему масштабу «чувство государственного интима».

Это к вопросу об отношении человека к окружающей его социально-политической среде. Можно рассматривать ее в качестве «проблемы, имеющей отношение в том числе и ко мне», а можно рассматривать ее в качестве «оправдания проблемам, имеющим отношение исключительно ко мне». Совершенно очевидно, что второй вариант интерпретации социально-экономических проблем сейчас является в нашем обществе доминирующим. Это ключевой момент для понимания главной особенности отношения современного русского человека не только к вопросу о коррупции, но и к современной российской власти вообще. При таком положении вещей, когда любой негатив социально-политической среды, в которой обитает человек, волнует этого человека лишь в контексте того, что он здесь обитает, возникает кухонное сознание. А народ, который не может выйти за пре-

---

[5] Кто стоит за Transparency International? [Электронный ресурс]. Режим доступа: http://www.warandpeace.ru/ru/reports/view/15726/ (дата обращения: 07.12.2012)

делы своей кухни, он совершенно естественным образом не хочет менять устоявшуюся привычную позицию «власть всегда плохая и она всегда берет взятки». Именно поэтому, например, у нас так легко организовать Болотную площадь. Кухонный народ всегда ведомый, и до тех пор, пока русский человек будет под таким углом смотреть на происходящие в его стране проблемы, эти проблемы всегда будут казаться неразрешимыми. Как кажется неразрешимой проблема коррупции.

Вера Ли-Ин

Шепот разума заглушал только шелест купюр

> ..Борьба с коррупцией уменьшает количество взяток, улучшая их качество.
>
> Русская народная мудрость

В начале данной работы я считаю необходимым обозначить ее основополагающий вектор: неоднозначный и парадоксальный феномен, именуемый коррупцией, является только лишь следствием совокупности «болезней» нашего общества, а вовсе не самой «болезнью» социума. То есть борьба с многоголовой гидрой-коррупцией по сути являет собой невероятно ресурсозатратный, но, к сожалению, безмерно бессмысленный процесс. Не логичнее ли будет бросить силы на искоренение инфекции, провоцирующей эти симптоматические проявления?

При попытке осмысления механизма коррупции с научной точки зрения, я обратилась к принципал-агентской модели[6], поскольку из всего ярчайшего многообразия разного рода теорий и концепций данная модель показалась мне наиболее емкой и абстрактной. Это немаловажно, так как я нахожу лишними уточнения касательно уровней управления, социальных институтов, специфики участников, вовлеченных в процесс и т.д. Суть принципал-агентской модели такова: основа и базис коррупции — такой тип взаимоотношений между акторами, когда один, именуемый «принципалом», передает другому, «агенту», ресурсы, а также полномочия для выполнения некоторых задач и функций. Это происхо-

---

[6] Сатаров Г.А. Коррупционные отношения: агентская модель и смежные подходы. [Электронный ресурс]. Режим доступа: http://ecsocman.hse.ru/text/16151450/ (дата обращения: 25.12.2012).

дит в частности, в интересах «клиентов», причем соответствующие ограничения прописаны в законных актах, что не останавливает ни «принципала», ни «агента», живо заинтересованных максимально использовать ресурсы и полномочия для получения своей собственной выгоды.

Так значит, дело в моральном безволии нашего человека, с такой шокирующей легкостью готового преступить черту ради собственной выгоды? Горькая ирония, но так уже в России исторически сложилось: люди, чьей прямой и приоритетнейшей в силу занимаемой должности задачей является борьба с коррупцией, откровенно не заинтересованы в реализации антикоррупционных мер. Они наделены мощнейшими властными полномочиями, а, следовательно, мощнейшими рычагами воздействия. Достаточно вспомнить, как была ратифицирована Конвенция ООН против коррупции. Примерно пять серьезных пунктов были вычеркнуты из закона о ратификации, в том числе двадцатая статья Конвенции. В данной статье было раскрыто понятие «незаконное обогащение». Причина для исключения была весьма и весьма изящно сформулирована: «несоответствие с Конституцией и с заложенным в ней понятием о презумпции невиновности». Вот так, легким росчерком пера, Конвенция Организации Объединенных Наций против коррупции претерпела вольную редакцию и была ратифицирована в урезанном виде[7]. Назовем вышесказанное теорией «беспринципного принципала».

Смелой и достойной внимания мне показалась точка зрения Кирилла Рогова. Согласно Рогову, законы пишутся таким образом, чтобы их было можно и выгодно нарушать: «Выполнение таких правил — чистая издержка, а нарушение

---

[7] Бадыль А. Экспертная сеть по вопросам государственного управления «Госбук» [Электронный ресурс]. Режим доступа: http://www.gosbook.ru/node/13183 (дата обращения: 10.11.2012).

правил дает конкурентные преимущества». Появляется «рынок» индивидуальных прав на нарушение правил. Государство предстает как «магазин», в котором «продаются» такие права. Государственные институты не следят за соблюдением правил, но карают за их несанкционированное нарушение, соответственно мотивируя остальных на торг в отношении прав на нарушение правил. Для успешного функционирования системы нужно большинство, уверенное в повсеместности нарушения правил. Преимущества тех, кто соблюдает правила, существенно понижаются, а маргинальность ценностных установок людей получает идеологическое обоснование. Разговоры о повсеместности коррупции работают не на подрыв этой системы, а на пропаганду системы нарушения правил. В этом смысле «борьба с коррупцией» — необходимый элемент системы, поскольку в процессе борьбы политики утверждают свою власть и исключительное право менять правила нарушения правил, показательно наказывать за нелояльность себе и режиму[8]. Да, безусловно, господин Рогов в своей работе очень тонко подметил и подытожил все эти парадоксы. Но даже эта теория не может в полной мере объяснить причины, по которым так вольготно живется российской коррупции.

Далее рассмотрим рентную модель Гордона Таллока[9], так как системная коррупция, явно процветающая в современной России, демонстрирует более чем активное рентоориентированное поведение. Под термином «рентоориентированное поведение» принято понимать деятельность, которая ориентирована на приобретение различных выгод путем манипулирования экономическими и законодательными

---

[8] Рогов К. Режим мягких правовых ограничений: природа и последствия. [Электронный ресурс]. Режим доступа: http://www.inliberty.ru/blog/krogov/2471 (дата обращения: 05.11.2012).

[9] Buchanan J.M., Tollison R.D., Tullock G. Toward a Theory of Rent-Seeking Society. Texas: Texas A&M University Press, 1980.

условиями, а вовсе не путем продажи услуг и товаров. Будет логично предположить, что поведение а-ля rentseeking возникает в форме лоббирования, что в свою очередь, ведет к варварски неоптимальному распределению ресурсов, когда средства, которые гораздо эффективнее и плодотворнее работали бы в сфере бизнеса, идут на лоббирование и контрлоббирование. Эта концепция, как и вышеупомянутые, немаловажна, но все же, по моему субъективному мнению, не является тем базисом, на котором крепко стоит российская коррупция.

Немного сухих и выверенных математически строчек. Рассмотрим некоторые ключевые индексы по экономической системе России.

- Объем коррупционного рынка оценивается в $300 миллиардов (25% ВВП России).
- Росстат заявляет, что на конец 2009 года было зафиксировано 13 тысяч преступлений по статье «взяточничество».
- Нельзя не отметить очень слабую стрессоустойчивость нашей экономики: падение ВВП России в 2009 году оказалось больше, чем в других странах «Большой восьмерки» и БРИК и составило 7,9%.
- По индексу экономической свободы Россия занимала в 2012 году 114-е место.
- По рейтингу «условия ведения бизнеса» Россия в 2013 году занимает 112-е место.
- В рейтинге неспособности государств (*Failed States Index*), который характеризует неспособность властей контролировать целостность территории, а также демографическую, политическую и экономическую ситуацию в стране, Россия занимает 83-е место[10].

---

[10] Экономика России. Основные черты российской экономики. [Электронный ресурс]. Режим доступа:

Сквозь всю статистику красной нитью проходит слово «экономика». А с российской экономикой у меня лично две ассоциации: «слабоустойчивая» и «сырьевая». Главное экспортное российское сырье – нефть. Вспомним о теории «проклятия ресурсов» Ричарда Аути. Проклятием ресурсов или парадоксом изобилия называется ситуация, когда страны, казалось бы не обделенные природными ресурсами, не могут использовать их для развития своей экономики и, вопреки логике, имеют более низкие экономические показатели, чем остальные[11].

Из всех неблагоприятных последствий выделим наиболее важные в контексте рассматриваемой проблемы.
1. Происходит деформация системы мотивации экономических агентов, обыденным становится явление институализации административной ренты.
2. В экономической системе ярко обостряются симптомы проклятия ресурсов вкупе с «голландской болезнью».

Для защиты института административной ренты урезается экономическая свобода, не развиваются благоприятные условия для ведения бизнеса, кроме того, в геометрической прогрессии растут вливания средств в правоохранительный сектор. Особо привлекательными становятся такие сферы деятельности, где имеется прямой и постоянный доступ к источникам административной ренты – за что отдельное спасибо явлению рентной мотивации. Различные отрасли бизнеса и промышленности уже не могут составлять достойную конкуренцию сфере государственного управления, потому что в сознании людей формируется мысль о том, что

---

http://www.ereport.ru/articles/weconomy/russia.htm (дата обращения: 06.12.2012).

[11] Фактор «Ресурсное проклятие» [Электронный ресурс]. Режим доступа: http://www.briik.ru/index.php/factory/resursnoe-proklyatie (дата обращения: 06.12.2012).

вкладываться в бизнес слишком рискованно: зачем создавать что-то свое, когда легче и безопаснее наживаться на тех, кто пытается организовать свое собственное дело. И, таким образом, «рентополучателей» все больше, предпринимателей все меньше, экономика все слабее.

В России самодержавно царствуют социальные институты, которые становятся катализаторами для регрессивных тенденций в экономической системе. Мотивация рентного характера у нас давно восторжествовала над рыночной мотивацией. Экспорт сырья мешает развитию национальной экономики: «голландская болезнь», или так называемый эффект Гроннингена активно способствует понижению доходности всех сфер деятельности, кроме «рентоносных».

Итак, эти факторы держат российскую экономику в стадии постоянного регресса. Как же найти решение? Предлагаю вашему вниманию казахстанский опыт, приведший к удвоению ВВП за 8 лет.

1. Полномасштабная приватизация всего энергетического сектора: нефти, газа, электроэнергетики.
2. Устранение всех ограничений на иностранные инвестиции в энергетику.
3. Устранение ограничений на любые инвестиции в энергетическую инфраструктуру: в трубопроводы, порты, электрические сети.
4. Сохранение стабилизационного фонда с фиксированной и низкой ценой отсечения и использование его средств исключительно за пределами страны.
5. Недопущение присоединения России к действиям ОПЕК.
6. Недопущение создания «газового ОПЕК»[12]

---

[12] Павленко А. Рентный характер российской экономики. Модель «Российской ловушки» [Электронный ресурс]. Режим доступа: http://whywe.ru/%D1%80%D0%B5%D0%BD%D1%82%D0%BD%D1%8B%D0

Вот почему в России необходима «революция сверху» — жалкие потуги «революции снизу» ни к чему не приведут, ведь предложенные меры не найдут понимания. Необходима слишком большая политическая воля для осуществления данных мер. Борьба с одним только лишь мздоимством не приведет к полному искоренению коррупции, так как она являет собой только лишь следствие, а уничтожить надо первопричину.

%B9-%D1%85%D0%B0%D1%80%D0%B0%D0%BA%D1%82%D0%B5%D1%80-%D1%80%D0%BE%D1%81%D1%81%D0%B8%D0%B9%D1%81%D0%BA%D0%BE%D0%B9-%D1%8D%D0%BA%D0%BE%D0%BD%D0%BE%D0%BC%D0%B8/ (дата обращения: 06.12.2012).

Анастасия Мельниченко

Борьба с коррупцией в России: история, современность и возможные решения проблемы

Проблема коррупции и поисков путей борьбы с ней в России не нова, она имеет глубокие исторические корни. Но, несмотря на свое давнее происхождение, она до сих пор остается актуальной, более того, она требует незамедлительного решения. О коррумпированности во всех звеньях чиновничества знают все: от простого народа до высших должностных лиц правящей верхушки. Неэффективные методы, применяемые правительством в борьбе с коррупцией, не способствуют решению этой проблемы. Тем временем сложившаяся ситуация отражается на экономике страны и отпугивает многих зарубежных инвесторов, которые могли бы вкладывать свои средства в экономику России.

Так в чем же причина коррупции в России и можно ли ее победить? Чтобы ответить на поставленные вопросы, нужно, прежде всего, проанализировать исторические этапы становления и укоренения коррупции в России.

Коррупция (лат. corrumpere – «растлевать») – моральное разложение должностных лиц и политиков, выражающееся в незаконном обогащении, взяточничестве, хищении и срастании с мафиозными структурами[13]. На протяжении многих лет в России коррупция для чиновников была легальным видом деятельности. До XVIII века существовал такой феномен, как «кормления», пожалования должностным лицам, по которым княжеская администрация содержалась за счет

---

[13] Ожегов С.И. Толковый словарь русского языка. [Электронный ресурс]. Режим доступа: http://www.ozhegov.org/words/13304.shtml (дата обращения: 25.12.2012).

местного населения. В то время чиновники существовали благодаря этим кормлениям, что породило произвол и злоупотребление местных властей.

С 1715 года чиновникам стали выплачивать фиксированную зарплату, поэтому получение взятки стало считаться преступлением. Однако количество чиновников при Петре I сильно возросло, к тому же жалование выплачивалось нерегулярно. Таким образом, взятки, особенно среди чиновников низших рангов, стали основным источником дохода. Система «кормлений» была восстановлена после смерти Петра; фиксированному жалованию вернулась лишь Екатерина II[14]. В начале XIX века бумажные деньги, которыми выплачивали жалование чиновникам, сильно обесценились, необеспеченность бюрократии вновь привела к повышению коррупции.

Николай I для решения этой сложной задачи создает Третье отделение Собственной Его Императорского Величества Канцелярии для борьбы со злоупотреблениями должностных лиц и контроля над их деятельностью. В середине XIX века велась непоследовательная борьба с должностной преступностью. Несмотря на общее отрицательное отношение к взяточничеству, к некоторым лихоимцам правительство относилось толерантно.

Важным шагом к борьбе с превышением должностных полномочий и казнокрадством стала начавшаяся в правление Александра II система публикации имущественного положения чиновников империи. В книгах, которые были доступны широкой публике, приводились сведения о службе чиновника, его наградах, взысканиях, а также о размере получаемого им жалования и наличии имущества.

---

[14] Малахов А. Табель о взятках. [Электронный ресурс]. Режим доступа: www.kommersant.ru/doc/587251 (дата обращения: 25.12.2012).

Жесткая борьба с коррупцией в России началась непосредственно в конце XIX века. Она совпала с временными рамками борьбы с коррупцией в США и Европе. Однако, в отличие от России, где преобладала коррупция в низших звеньях чиновничества, в США коррупцией были поражены и средние, и даже весьма высокие слои бюрократии и политиков.

После 1903 года в России имел место рост коррупции, причиной этому стал рост числа чиновников, поставок и военных заказов, сделок с недвижимостью, однако, высшие чиновники взяток по-прежнему не брали. В 1915-1916 гг. борьба с коррупцией ужесточилась. Это объяснялось тем, что в 1916 году русская контрразведка и тайная полиция выявила крупную незаконную деятельность во влиятельнейшем Земгоре[15] и в военно-промышленных комитетах. Они занимались не только своими прямыми делами всесторонней помощи и снабжения армии, но и превратились в отлаженную и отлично мобилизованную оппозиционную политическую организацию[16].

После двух лет Первой мировой войны в низших и частично в средних пластах населения (в основном оппозиционных самодержавию) коррупция была велика. В журнале «Русскій міръ» была опубликована статья, посвященная коррупции в России: «Воистину, «от хладных финских скал до пламенной Колхиды» сенаторские ревизии и газетные разоблачения открывают обширные гнезда крупных, тучных, насосавшихся денег взяточников, а около них кружатся вереницы взяточников более мелких, более скромных, более тощих. Около каждого казенного сундука, на который упадет испытующий взор ревизора, оказывается жадная толпа взятко-

---

[15] Главный по снабжению армии комитет Всероссийских земского и городского союзов
[16] Романов Б. Борьба с коррупцией в РФ и царской России. [Электронный ресурс]. Режим доступа: www.proza.ru/2010/03/03/887 (дата обращения: 25.12.2012).

давцев и взяткополучателей, и крышка этого сундука гостеприимно раскрывается перед людьми, сумевшими в соответствующий момент дать соответствующему человеку соответствующую взятку»[17].

В СССР взяточничество приравнивалось к контрреволюционной деятельности. Уголовный кодекс 1922 года предусматривал за это преступление расстрел (ст.114). Очередной виток роста коррупции пришелся на срок правления Леонида Брежнева. Его манера руководства со стремлением к распределению откатов, снисходительное отношение к недостойному поведению некоторых ближайших коллег и выдаче наград даже самому себе давал пример и другим руководствоваться теми же принципами. Многие руководители среднего чина за счет средств из государственной казны строили личные загородные дома, оформляя их на своих родственников. Ситуация, сложившаяся в эту эпоху, благоприятствовала предосудительному поведению, действуя разлагающе на все слои населения. Однако в дальнейшем до начала 80-х годов тема коррупции открыто не обсуждалась. Простым гражданам прививалось мнение, что феномен коррупции не свойственен социалистическому строю и присущ только буржуазному обществу. То, что с середины 50-х годов до 1986 г. регистрируемое в уголовной практике взяточничество возросло в 25 раз, как противоречащий этой догме факт, не придавалось огласке.

Борьба со злоупотреблениями органов власти возродилась во время правления Генерального секретаря ЦК КПСС Юрия Андропова в 1983 г. Тогда были начаты нашумевшее «хлопковое» дело и дело Моспродторга. В 70-80-е годы, когда нарастал дефицит качественных товаров, коррупция пусти-

---

[17] Штейнман В. История коррупции в России. [Электронный ресурс]. Режим доступа: www.s-pravdoy.ru/library2/sit_korrupcia/1403-2009-02-27-15-33-45.html (дата обращения: 25.12.2012).

ла наиболее глубокие корни в системе торговли. В Перестройку коррупция в высших кругах власти стала одной из наиболее обсуждаемых тем. Уже вначале 1990-х гг. некоторые эксперты оценивали коррупцию в России как «тотальную»[18]. На тот момент признавалось, что Россия входит в число наиболее коррумпированных стран мира и что коррупция является одной из самых разрушительных сил в российском государстве. Заместитель министра финансов России Олег Вьюгин в то время отмечал, что система власти и бизнеса в России во многом пропитана коррупцией и преступным бизнесом[19]. Во время президентства Бориса Ельцина в России наблюдалась такая широкомасштабная коррупция и бандитизм, какая не знала аналогов в истории.

Что касается современной России, то одной из распространенных форм коррупции стало трудоустройство родственников чиновников в структуры с высоким уровнем доходов. Родственники часто становятся прикрытием для бизнеса и собственности чиновников, что достигается путем переписывания права владения. Вот что отмечает британский еженедельник The Economist: «Для правителей России коррупция — не приятное дополнение к власти, а суть системы. За последние 10 лет (то есть с 2002) небольшая группа людей, находящаяся вне досягаемости закона, приобрела состояния, превышающие любые фантазии царей. Возврат к власти господина Путина защитит эти неправедные богатства»[20].

---

[18] Львов Д.С., Овсиенко Ю.В. Об основных направлениях социально-экономических преобразований. [Электронный ресурс]. Режим доступа: http://ecsocman.hse.ru/ecr/msg/182853.html (дата обращения: 25.12.2012).

[19] Рушайло П. У России осталось не больше года. [Электронный ресурс]. Режим доступа: www.kommersant.ru/Doc-y/218714 (дата обращения: 25.12.2012).

[20] The beginning of the end of Putin. [Электронный ресурс]. Режим доступа: www.economist.com/node/21548941 (дата обращения: 25.12.2012).

В 2006 году Россия ратифицировала Конвенцию Организации Объединенных Наций против коррупции, за исключением ключевой статьи №20 (незаконное обогащение). Она предусматривает «возможность принятия таких законодательных и других мер, какие могут потребоваться, с тем, чтобы признать в качестве уголовно наказуемого деяния, когда оно совершается умышленно, незаконное обогащение, то есть значительное увеличение активов публичного должностного лица, превышающее его законные доходы, которое оно не может разумным образом обосновать»[21]. Затягивание с ратификацией этой статьи говорит о заинтересованности высокопоставленных чиновников в подобной отсрочке, так как эта поправка поставит под наблюдение их, судя по всему, не совсем легальную деятельность.

В 2007 году Кирилл Кабанов, председатель Национального антикоррупционного комитета России, высказал мнение, что как таковая борьба с коррупцией в России не осуществляется: аресты чиновников среднего звена абсолютно не нарушают систему взяточничества, а политика по противодействию коррупции не выработана. Этим объясняются статистические данные: коррумпированность в России в сентябре 2009 г. находилась на уровне Бангладеш, Кении и Сирии, т.е. 147-е место из 180.[22] Рынок коррупции в РФ составляет 240 млрд. долларов. От 20 до 60 % бюджетных средств из разных отраслей разворовывается.

Главной причиной коррупции является отсутствие реального контроля гражданского общества над работой органов власти на всех уровнях, что признается в докладе Общественной палаты от 3 ноября 2011 г. Наиболее остро это прояв-

---

[21] Конвенция ООН против коррупции. [Электронный ресурс]. Режим доступа: www.un.org/ru/documents/decl_conv/conventions/corruption.shtml (дата обращения: 25.12.2012).

[22] По сведениям Transparency International

ляется в устройстве детей в детсады и школы, в области ЖКХ, в медицинской помощи, а также в иных областях. Однако заявлять в правоохранительные органы граждане боятся, лишь незначительная часть готова сделать это. В результате нарастает чувство социальной несправедливости, в особенности среди молодежи. Меры правительства по противодействию коррупции являются неадекватными ее размаху.

Таким образом, проанализировав предысторию данной проблемы, можно сделать вывод, что искоренение коррупции путем смены политических режимов не является выходом. Проблема состоит в том, что сложившаяся ситуация приобрела системный характер, разрушая при этом экономику и право. Главным приоритетом политиков и чиновников стало личное обогащение, невзирая на какие-либо моральные или нравственные установки.

Коррупция препятствует проведению социальных преобразований и повышению эффективности национальной экономики, затрудняет нормальное функционирование всех общественных механизмов, вызывает в российском обществе серьезную тревогу и недоверие к государственным институтам, создает негативный образ России на международной арене и правомерно рассматривается как одна из угроз безопасности Российской Федерации.

Причины коррупции:

- слабость верховной власти: столкновение интересов между федеральным центром и регионами;
- отсутствие внешнего и внутреннего организованного контроля над деятельностью аппарата органов власти;
- сложность структуры органов власти, наличие множества бюрократических процедур;
- отсутствие национальной стратегии развития;

- тотальная безответственность исполнительной власти. В рамках действующей Конституции и российского законодательства исполнительная власть ни за что и ни перед кем не отвечает.

В нашей стране создается лишь видимость антикоррупционной борьбы, но де-факто ситуация не меняется к лучшему. Так что же идет не так? Нужна честная и прозрачная центральная власть. Реальная борьба с коррупцией возможна лишь на основе существования согласованных мер, которые бы устраняли причины коррупции. Нужна не только хорошо проработанная стратегия и техника противодействия, но и продуманная организация исполнения. Это потребует больших перестановок государственных кадров, как на региональном уровне, так и на федеральном, в чем государство на данный момент не заинтересовано, ибо волна смещений должностных лиц с их мест будет колоссальной. Конечно, коррупцию нельзя устранить за один день, но все-таки должны осуществляться действия в этом направлении.

В последнее время много говорится в правительственных кругах и в СМИ о начале комплексной борьбы: разоблачены многие коррупционные преступления, идут слушания в суде по поводу расхищений государственных бюджетных средств и т.д. Но самих мер пресечения и наказания не предпринимается. Таким образом, я считаю, что это нельзя считать полноценной и эффективной борьбой, так как расхищенные денежные средства не взымаются, незаконное недвижимое имущество не арестовывается, коррупционеры не отстраняются от своей деятельности, а лишь формально назначаются на другие не менее высокие посты.

Джеймс Мэдисон говорил: «Если бы людьми правили ангелы, ни в каком надзоре над правительством – внешнем или внутреннем – не было бы нужды. Но при создании правления, в котором люди будут ведать людьми, главная трудность состоит в том, что в первую очередь надо обеспечить правящим возможность надзирать над управляемыми; а вот вслед за этим необходимо обязать правящих надзирать за самими собой»[23].

Швеция – яркий пример успешной антикоррупционной борьбы. Помимо регламентации действий чиновников, открытого доступа к внутренним государственным документам и других сопутствующих действий, шведское правительство установило высокие этические стандарты и стало добиваться их исполнения. Через несколько лет честность стала социальной нормой среди бюрократии.

Вывод: пока законодательство не перестанет допускать саму возможность коррупции, пока не будет неукоснительного исполнения законов, коррупция будет существовать, разрушая демократические институты и подрывая доверие людей к правительству. Без решения этой проблемы мы будем обречены на вечную отсталость и бедность. Можно сказать, что первый шаг – осознание вреда коррупции – уже сделан. Дело остается за правительством и президентом. Народная пословица гласит, что рыба гниет с головы.

---

[23] Гамильтон А., Мэдисон Дж., Джей. Дж. Федералист: Политические эссе [Электронный ресурс]. Режим доступа: http://grachev62.narod.ru/Fed/Fed_ogl.htm (дата обращения: 25.12.2012).

Евгений Никитенко

Искоренение коррупции? С кого начнем?

По моему личному мнению, невозможно дать однозначный ответ на вопрос, возможно ли искоренить коррупцию в России; ведь давайте не будем забывать, что именно искоренить коррупцию до конца не удалось еще ни одной стране. Уменьшить масштабы – это, вероятно, можно сделать, но с учетом активной антикоррупционной политики государства, которая будет сопровождаться не только громкими заявлениями, но и активными действиями.

Для начала давайте поймем, что такое коррупция вообще с научной точки зрения. Это прямое использование должностным лицом своего служебного положения в целях личного обогащения, что, как правило, сопровождается нарушением законности. В Российской Федерации коррупция является не термином уголовного права, а собирательным понятием, означающим правонарушения различного вида: от дисциплинарных проступков до уголовных преступлений. Антикоррупционными нормами Уголовного кодекса Российской Федерации являются статьи о должностных преступлениях: о злоупотреблении должностными полномочиями, о превышении должностных полномочий, о получении взятки, о служебном подлоге. Коррупция всегда носит тайный, теневой характер, осуществляется в результате сговора субъектов управления политической, хозяйственной и других областей общественной жизни, поэтому ее достаточно сложно обнаружить и ликвидировать[24].

Не так давно на российском пространстве интернета проходил ряд опросов. Сейчас я не буду приводить конкретные

---

[24] Санжаревский И.И. Политическая наука: Словарь-справочник. – Тамбов, 2010.

цифры, дабы лишний раз не ссылаться на источники, потому что интересны не цифры, а само разделение: опрошенные поделились на две почти равные половины, причем одна из них утверждает, что практически любой человек будет брать взятки, если ему будут их предлагать. То есть человек, дающий взятку, всего-навсего потакает дурным человеческим наклонностям и этим самым провоцирует лицо, наделенное властью, на противоправное нарушение и, следовательно, этим своими руками плодит коррупцию. Но, с другой стороны, как уже было сказано выше, примерно такая же доля опрошенных утверждает, что виноват не взяткодатель, потому как человек с правильными моральными принципами взятку брать не станет, а виновны все те, кто берут, и это говорит об их испорченности и несоответствии занимаемой должности.

В любом случае большинство опрошенных, и я с ними полностью согласен, считает, что коррупция начинается с малого — мелких взяток, подарков, причем речь идет не только о чиновниках, но и о сотрудниках бюджетной сферы: государственных учреждений, ВУЗов, больниц и т.д.

Одним из вариантов «лечения», наиболее очевидным и простым, при таком взгляде на коррупцию в нашей стране является принципиальность позиции, занимаемой самими гражданами. Ведь если взятку не давать, то и коррупции не будет, а раз вы готовы на решение вопросов путем взятки, то не нужно кричать о честности и коррупции в высших сферах.

Но, с другой стороны, мы не можем винить в распространении коррупции только тех, кто дает взятки. Ведь, максимально упрощая отношения взяткодателя и человека, эту взятку берущего, взяткодатель является потребителем услуг. А коррупционеры — люди, привыкшие брать, люди, которые считают «легкий заработок» частью своего бюджета, нередко сами вымогают деньги за исполнение собственных обязанностей. По этому поводу прошла уже не одна сотня дискуссий не только в прессе, но и на государственном уровне, и одним из предложенных вариантов было поднять зарплату, дабы люди не были вынуждены брать деньги, чтобы прокормиться. Но это лишь одна сторона медали: ведь человек, который на протяжении, допустим, последних десяти лет регулярно берет взятки, навряд ли откажется от этой «статьи дохода», тем более что частенько она превышает его официальную зарплату в несколько раз.

Исходя из этого, для меня основными условиями для борьбы с коррупцией являются воспитание граждан в духе честности и обеспечение им каких-либо гарантий, чтобы они были уверены, что отказавшись давать взятку и сообщив о случае вымогательства, сами не станут объектом преследования (допустим, пожаловавшись на преподавателя-коррупционера, не будут отчислены из ВУЗа и т.д). Обеспечение максимальной прозрачности, т.е. составление специальных отчетов о доходах, выпуск сборников, содержащих данные о заработках чиновников, чтобы люди могли сопоставить их реальный уровень жизни и заявленный в соответствие с доходами. Естественно, подобные сборники не должны быть ежегодными, это было бы чересчур затратно и хлопотно, но хотя бы выходить раз в пять-десять лет.

В последние выборы президента РФ на участках были установлены видеокамеры, чтобы любой желающий мог просмотреть происходящее в режиме онлайн и сообщить о замеченных нарушениях. В идеале такой вариант применим и для борьбы с коррупцией. Я не говорю о повсеместной установке видеокамер, но теоретически можно было бы сделать и так. Рассмотрим опять же на примере ВУЗа. Если в аудиториях установлены видеокамеры, в режиме онлайн передающие картинку на специальный раздел сайта университета, то любой желающий может отследить ход экзамена. Это решает сразу две задачи: во-первых, мы сразу видим, что в аудитории преподавателю не вручают каких либо «презентов», которые можно было бы расценить как взятку; во-вторых, мы можем адекватно оценить ответ студента и поставленную ему оценку (на случай если взятка, допустим, была передана заранее). Конечно, снабдить каждую аудиторию камерой – это фантастика, но ведь ничто не мешает на одну работающую камеру поставить 9 «обманок». Ведь речь-то в целом идет даже не о том, что кто-то может что-то увидеть в интернете, а о том, что само наличие камеры будет являться сдерживающим фактором.

Не стоит забывать и про такую замечательную вещь, как полиграф, ведь регулярная проверка на этом устройстве (хотя бы раз в три года) могла бы выявить массу коррупционеров. Но это дорого, и инициатива отдельных предприятий вряд ли исправит положение. А вот если проверка на детекторе лжи будет поставлена на поток и станет такой же обязательной как, например, ежегодное медицинское обследование, то это будет, на мой взгляд, очень мощным барьером для человека, который только собирается брать взятки.

Кроме того, не хотелось бы, конечно, употреблять пресловутое «ужесточить наказание», но все же это необходимо. Невозможно победить коррупцию, если человек, берущий взятки, знает: если его поймают за руку, то просто пересадят на другое чуть менее «хлебное место», или, в худшем случае, уволят и назначат штраф (в большинстве случаев не сопоставимый с размерами нечестно нажитого). А вот если «проворовавшегося» увольнять с работы без права занимать такую должность и вообще работать в государственных структурах, конфисковать имущество и лишать пенсии, вот тогда человек на самом деле задумается, а стоит ли оно того, или лучше работать честно.

В заключении хотелось бы отметить, что если мы все же хотим побороть коррупцию в России, то начинать нужно не только с ужесточения государственной политики в этой области, но и с коренного изменения точки зрения общества на данный вопрос.

Екатерина Олейник

Россия одержит победу над коррупцией

В настоящее время в России проблема коррупционной деятельности является особенно актуальной, представляя собой сложное явление, тормозящее все сферы общественно-политической жизни общества и затрудняющее их нормальное функционирование. Поэтому можно считать одним из важных направлений политики государства освобождение России от коррупции.

Характерной особенностью коррупции, по моему мнению, считается ее преступный характер и постепенное повсеместное распространение, что представляет собой огромную опасность для общества. И если данная проблема не будет решена в ближайшее десятилетие-двадцатилетие, то такое явление, как коррупция приобретет совершенно другие формы, более масштабные и колоссально опасные для нашего общества. А это, в свою очередь, возможно, породит глубокий кризис в нашей стране.

Как любое другое явление, коррупция не возникла моментально. Она, подобно посаженному семени, дает свои плоды при благоприятных условиях для роста и развития и без помех извне. Так и российская коррупция не возникла на пустом месте, для этого были заложены основы, которые подпитывались обществом. По мнению Михаила Попова, «за десятилетия становления и укрепления советской власти в СССР сложилась уникальная по масштабам и эффективности функционирования система коррупции, все «достижения» которой были в полной мере использованы в интересах новой политической элиты в центре и на периферии не только в постсоветской России, но и практически во всех государствах, образовавшихся на территориях, входивших в состав СССР»[25].

Для каждого действия существует свое противодействие. Только методы противодействия должны быть выработаны правильно, к тому же моментального исхода событий и высокой результативности не следует ожидать. Этот процесс сложный, требует большого терпения и всеобщих усилий.

Бытует мнение, что «умный учится на чужих ошибках, а глупый на своих», и мне представляется возможным отчасти следовать этому. Есть страны, которые на примере своего опыта могут доказать нам, что даже в условиях сильной коррумпированности и власти, и общества, можно совершать значительные шаги в антикоррупционной политике. Таким примером может выступать Гонконг. «Гонконг не всегда был одним из самых «чистых» мест на планете. В конце 50-х начале 60-х годов коррупция полостью охватывала как государственный, так и частный сектор страны. В этом, пожалуй, и заключается уникальность гонконгского опыта, поскольку в то время коррупция являлась стилем жизни, который признавался большинством населения (по типу современной России) как единственный и необходимый для выживания. Коррупция пронизывала абсолютно все сферы жизни, а власть оказалась бессильной»[26].

---

[25] Попов М.Ю. Коррупция в СССР и современная Россия [Электронный ресурс]. Режим доступа: http://www.teoria-practica.ru/-1-2009/sociology/popov (дата обращения: 10.11.2012).

[26] Харичева М.С. Материалы Международной научно-практической конференции 13 мая 2011г./ Раздел IV. Зарубежный и Отечественный опыт борьбы с коррупцией/ Борьба с коррупцией: опыт Гонконга. [Электронный ресурс]. - Режим доступа: http://www.klimvd.ru/files/mejd_opit/Haricheva.pdf (дата обращения: 10.11.2012).

В данном случае по всенародной инициативе Гонконга был создан специально действующий орган, в основе работы которого был упор не только на усиление мер наказания за данное преступление, но и делался акцент на необходимость поддержки народа. Результат стал очевиден. Таким образом, Гонконгу потребовалось около сорока лет, чтобы «восстать из пепла» и практически изжить коррупцию.

В отношении российской проблемы считаю целесообразным провести более глубокий анализ плана борьбы с коррупцией в Гонконге, а применительно к России создать свой действенный антикоррупционный план. Первостепенное значение должны иметь следующие предложения. Во-первых, должно произойти рождение нового государства со своей антикоррупционной политикой, которое будет иметь авторитет, уважение и доверие среди народа, подкрепленное беспрецедентной силой власти, т.е. суровыми законами. Поэтому, независимо от социального положения преступника и размера взятки, любое лицо обязано беспрекословно следовать закону, а нарушив его, получить наказание, избежать которое будет невозможно. В свою очередь, контролировать все эти процессы должна независимая организация, которая поистине была бы заинтересована в уничтожении коррупции в России. И я верю, что это осуществимо, т.к. есть в России люди, характеризующиеся высоким уровнем патриотизма, которые живут не ради извлечения своей собственной выгоды, а болеют за судьбу нашей страны! Во-вторых, по мнению Сергея Новикова, «для решения проблемы коррупции необходимо минимизировать отрыв политического аппарата управления от народа. В данный момент для среднестатистического гражданина России непрозрачны механизмы простейших действий администрации города, не говоря уже о вышестоящих инстанциях. Обращение к исполнительной власти напоминает собой обращение к «черному ящику», так как известны входные данные, и известен предполагаемый результат, но информация о том, что происходит внутри, закрыта. Необходимо сделать действия и решения всех должностных лиц очевидными и доступными для ознакомления широкому кругу граждан. При выполнении этого условия каждый желающий сможет ознакомиться с решением по любой заявке или жалобе с обоснованием чиновника по этому решению»[27].

Кроме этого, необходимо развивать правовую культуру общества и его правовое сознание, находящиеся на достаточно низком уровне. По мнению многих экспертов, «пока общество не поднимется на нужную ступень осознания и понимания необходимости повышения уровня своей культуры права, ни о каком развитом гражданском обществе, ни о каком правовом государстве, а уж тем более о борьбе с коррупцией речи быть не может. Население должно в прямом смысле ненавидеть даже незначительные факты нарушения законов, инструкций, должностных обязанностей и быть абсолютно интолерантным нетерпимым ко всяческим ограничениям и попраниям своих прав и свобод»[28].

В заключении хотелось бы добавить, что русский народ – это сильный народ, который неоднократно доказывал мощь и силу своего характера. Поэтому абсолютно никакие преграды не страшны, если в общественном сознании России будет преобладать понимание необходимости чего-либо, в данном случае борьбы против коррупции.

---

[27] Новиков С. Ю. Коррупция во власти как системное явление // Научные ведомости БелГУ. Серия: История. Политология. Экономика. Информатика 2008. - Т. 6., № 2. – С. 153

[28] Харичева М.С. Материалы Международной научно-практической конференции 13 мая 2011г./ Раздел IV. Зарубежный и Отечественный опыт борьбы с коррупцией/ Борьба с коррупцией: опыт Гонконга.[Электронный ресурс]. Режим доступа: http://www.klimvd.ru/files/mejd_opit/Haricheva.pdf (дата обращения: 10.11.2012).

Ирина Остроухова

Может ли коррупция стать пережитком прошлого в России?

Тема коррупции в России неоднократно обсуждалась различными политиками и экспертами по данному вопросу. Но к одному выводу пока никто не пришел. Можно предположить, что в нашей стране многие граждане задумывались над вопросом, избавится ли Россия от такого явления, как коррупция. По моему мнению, нельзя однозначно сказать «да» или «нет». Возможно, когда-нибудь в далеком будущем мы решим эту остростоящую проблему, но пока говорить о России как о непропитанном коррупцией государстве нельзя.

Избавиться от этого явления в нашей стране практически нереально. Ведь в головах народа уже заложена эта хитрая система: если хочется жить, не имея проблем, нужно заплатить. Бывший президент РФ Дмитрий Медведев сказал, что «коррупция есть везде, но наша проблема пока заключается в том, что у нас коррупция, к сожалению, не считается постыдной, она является обыденной»[29]. То есть на протяжении многих веков у народа складывались определенные взгляды на данное явление. И, как показывает история, оно превратилось во что-то обычное и приемлемое для людей.

История коррупции в России уходит далеко в прошлое. А все началось с возникновения такого института, как кормление чиновников на местах. Чтобы обеспечить к себе расположение представителя власти, население преподносило ему «подарки». Несмотря на то, что кормление было отме-

---

[29] Шишлин В. Индекс взятки. .[Электронный ресурс]. Режим доступа: http://interfax.ru/print.asp?sec=1448&id=162161 (дата обращения: 12.11.12).

нено, люди продолжали «кормить» местную власть, что стало впоследствии восприниматься в качестве традиции. За кормлением следовали другие формы взяточничества, которые постепенно укореняли в государстве коррупцию. И нельзя сказать, что с ней не пытались бороться. Так, Иван IV издал указ, наказывавший всех взяточников. Петр I предпринимал меры в борьбе с мздоимцами. Боролась с коррупцией и Екатерина Великая. Но чем больше власть пыталась остановить «сей вкоренившийся в народе порок», тем больше он пускал свои корни в систему отношений государства[30].

В настоящие дни, несмотря на появляющиеся все новые и новые законы против коррупции[31], представители разных областей продолжают пользоваться своим служебным положением. Почему же это происходит? Возможно, потому что мы сами своим поведением «разрешили» им это практиковать. Российский экономист и общественный деятель Ярослав Кузьминов ясно выразился по этому поводу: «Мы привыкли к тому, что чиновники публично получают очень мало. Все до единого понимают, что подавляющее число этих людей получают что-то еще. Получается, что мы соглашаемся с тем, что нас обворовывают»[32]. А раз мы сами соглашаемся, то не собираемся что-то менять. Следовательно, нас устраивает положение дел, хотя вместе с этим

---

[30] Штейман В. История коррупции в России. .[Электронный ресурс]. Режим доступа: http://www.s-pravdoy.ru/library2/sit-korrupcia/1403-2009-02-27-15-33-45.html (дата обращения: 12.11.12).

[31] Например, принятие национальной стратегии противодействия коррупции (2010), а также Конвенции ОЭСР о борьбе с дачей взяток иностранным государственным должностным лицам при осуществлении международных деловых операций (2011).

[32] Кузьминов Я.: Отбраковки слабых не происходит. [Электронный ресурс]. Режим доступа: http://www.dp.ru/a/2012/07/02/JAroslav_Kuzminov_Otbra/ (дата обращения: 12.11.12).

мы громко кричим о разъедающей наше государство коррупции. Но, чтобы победить эту самую коррупцию, нужны решительные действия, а не слова. Пока сам народ не осознает своей ошибки, благодаря которой умные и хитрые дяди и тети наживаются, коррупция останется непобедимой в российском обществе.

Еще одной причиной, почему в России коррупция не может стать пережитком прошлого, является нежелание самой власти избавиться от этого недуга. Ведь если хорошо подумать, представителям власти невыгодно освобождать место у государственной «золотой кормушки». Безусловно, пишутся и издаются законы, предназначенные для борьбы с коррупцией. Но действенны ли они? Не придумали таких законов, которые действительно выявляли бы всех преступников и наказывали их за злоупотребление своим служебным положением. Вероятно, есть служащие в структуре государственного аппарата, которые преданы своему делу и искренне стараются найти решение у этой трудной загадки. Но, во-первых, таких людей считанные единицы (если они вообще существуют), во-вторых, не стоит скрывать, что хорошо продуманные законопроекты, способные значительно сократить масштабы коррупции в стране, не очень востребованы верхами власти. В книге писателя Геры Фотича «Генералы песчаных карьер» говорится: «Только на совещаниях силовиков в Москве периодически звучала тема борьбы с коррупцией. На самом деле все понимали, что борьбы с ней быть не может исходя из самой ее сути. Поскольку для этого надо, чтобы каждый руководитель посадил себя в тюрьму, назначил себе срок и конфисковал свое имущество, в большинстве своем нажитое преступным путем, а затем принялся за своих родственников»[33]. Ну, вот и стоит задуматься, кто

---

[33] Фотич Г. Генералы песчаных карьер. [Электронный ресурс]. Режим доступа:

же составит и, главное, примет такой закон, который погубит собственную карьеру и лишит всех привилегий? Думаю, никто.

Существует еще один, на мой взгляд, немаловажный фактор, который влияет на интенсивность коррупции. Это очень слабая ротация кадров. Перешедший на более высокий пост чиновник будет стараться сохранить его. Конечно, есть такие, которые честно исполняют свои обязанности. Но есть и другие люди, которые начинают обзаводиться связями, понимают, за какие ниточки и кого нужно дергать, и в итоге укрепляются на месте, не давая шанс новому поколению попробовать свои силы в деле. Крепнет круговая порука, система корпоративных отношений и коррупционные связи становятся устойчивыми.

В Российской Федерации нет смертной казни за совершение коррупционных махинаций. Дача взятки наказывается либо штрафом, либо исправительными работами, либо арестом, либо лишением свободы на срок до восьми лет. И, возможно, людей не так уж пугают эти последствия. А вот в Сингапуре, например, работает жесткая антикоррупционная система. Строгие меры, применяемые против нарушителей, высокое жалование чиновникам, объясняемое тем, что правительство честно выполняет свои обязанности, а главное, наличие искреннего желания у правительства страны противостоять коррупции. Но Россия не Сингапур. И здесь такие методы могут не сработать. Чтобы изменить ситуацию в лучшую сторону, нужно разрабатывать программы, учитывающие именно российский уклад.

---

http://dic.academic.ru/book.nsf/5546080/Генералы+песчаных+карьер (дата обращения: 12.11.12).

Рыбакова Г. Коррупцию в России победить нельзя. [Электронный ресурс]. Режим доступа: http://jilec.org/component/content/article/890-korrupcziyu-v-rossii-pobedit-nelzya (дата обращения: 12.11.12).

Коррупция в России имеет системный характер. Это, можно сказать, образ жизни россиянина. Поэтому, чтобы избавиться от нее, нужно приложить немало усилий. Но, поскольку для этого еще нужно огромное желание народа, наше государство не скоро сдвинется с мертвой точки по данному вопросу.

Юлия Самсонова

Можно ли победить коррупцию в РФ?

Можно ли победить коррупцию в России? Этим вопросом задается почти все население нашей страны. Конечно, можно, но как? И подобных вопросов возникает немало. В своей работе я хочу в процессе размышлений прийти к ответу на этот актуальный вопрос.

Борьба с коррупцией ведется не одно столетие. Еще Иван III в XV веке признал мздоимство незаконным. Его внук Иван IV Грозный продвинулся дальше и ввел высшую меру наказания — смертную казнь за взяточничество. При Петре I мздоимцев били, отправляли в ссылку. Петр грозился издать указ, по которому каждый, кто украдет у государства деньги, на которые можно будет купить веревку, будет повешен. Однако испугавшись потерять всех своих подданных, Петр решил издать другой указ, по которому смертная казнь предназначалась только крупным взяточникам. Но настоящая борьба со взяточничеством началась при Екатерине II. При ней взяточников отправляли в ссылки, но она понимала, что этим проблему не победить. Она увеличила жалование чиновникам, рассчитывая на то, что чиновникам хватит жалованных денег и они не стаут брать «со стороны». Однако алчности их не было предела. Взятки продолжали брать[34]. В итоге, к середине XIX века чиновники постоянно злоупотребляли своим положением. Путем несложных вычислительных действий можно заметить, что прошло уже более пяти веков, а коррупция не исчезла.

---

[34] Штейнман В. История коррупции в России. [Электронный ресурс] Режим доступа: http://s-pravdoy.ru/library2/sit-korrupcia/1403-2009-02-27-15-33-45.html (дата обращения: 25.12.2012).

В чем же причина такого явления, как коррупция? Ни для кого не секрет, что почти все сферы нашей жизни коррумпированы. Разница заключается только в размере взятки и масштабе вреда, приносимого коррупцией, например, подкупе заведующего детским садом, чтобы устроить ребенка, или судьи, чтобы освободить убийцу из-под следствия. Согласитесь, в первом случае не такой уж и серьезный вред для окружающих, а во втором даже смертельная опасность, ведь убийца вполне может продолжить свои преступные деяния.

В обществе бытует мнение, что в России с коррупцией боролись, борются и будут бороться. В марте 2012 года Российское информационное агентство Интерфакс сообщило о результатах опроса граждан на тему, можно ли победить коррупцию в России[35]. Примерно 81% респондентов сказали, что уровень коррупции в стране «высокий»; 43% не верят в то, что коррупцию возможно искоренить; 39% ответили, что коррупция когда-нибудь будет побеждена. Можно ли что-то еще добавить, если само население не верит в то, что коррупция победима? Решение, которое предложила я, требует времени на его реализацию и, возможно, коррупция исчезнет минимум через поколение.

А вы задумывались о том, почему люди дают взятки? Ответ кроется гораздо глубже, чем может показаться на первый взгляд. По сути своей взятка — это протест системе, ведь мы даем определенную сумму, когда не хотим идти по начертанному государством пути: он нам не подходит, мы его обходим. В сознании у людей заложено, что если что-то не получается, можно это купить. Значит, решать проблему

---

[35] Можно ли победить коррупцию в России? [Электронный ресурс]. Режим доступа: http://russianeconomicfreedom.org/ru/?p=677 (дата обращения: 25.12.2012).

надо не ужесточением законов, нужно двигаться в другом направлении, а именно исправлять недочеты в системе, иначе России коррупцию не победить. Необходимо в корне поменять структуру сфер, задействованных в коррупции. Рассмотрим несколько примеров. Чтобы не приходилось платить «кругленькую сумму» за место в детском саду для вашего ребенка, нужно построить больше садов, и тогда места хватит всем деткам. Чтобы не давали взятки в медицинской сфере, нужно улучшить качество медицины и увеличить количество работников. Хороших, квалифицированных работников немного, потому что за те деньги, что получают врачи, мало кто согласится работать, следовательно, надо увеличить заработную плату медикам. Также и в образовательной сфере. Мне кажется, это может спасти положение.

В заключение хочется сказать, что если мы хотим что-то изменить, нужно начать с себя. Каждый должен решить для себя, связывать свою жизнь со взятками или нет. И тогда, может быть, все изменится, ведь общество состоит из отдельных людей, и, изменив себя, мы изменим общество и свою страну.

Людмила Старыгина

Коррупция – неизлечимая болезнь России

На сегодняшний день тема коррупции очень актуальна. Наверное, не существует человека, который ни разу не сталкивался или не слышал об этом понятии. Невольно в голове возникает вопрос: «А возможно ли победить данное явление в России?» В своей работе я попробую доказать, что коррупцию, по крайней мере у нас в стране, победить невозможно.

Как сообщает РИА Новости, в апреле 2012 года состоялось заседание Президентского совета по противодействию коррупции. Мне бы хотелось начать со слов, произнесенных первым заместителем Генерального прокурора Российской Федерации и главой Следственного комитета Александром Бастрыкиным. На заседании Бастрыкин сказал: «Практика показывает, что никакое лишение свободы, никакая тюрьма коррупционеров, взяточников и других лихоимцев не пугает, это не барьер для них». Со слов Бастрыкина можно сделать вывод о том, что применение крайних мер к коррупционерам не дают должных результатов. Также глава Следственного комитета сообщает, что за 2010 год к ответственности за взятки были привлечены около шести тысяч госслужащих. «Почти 34 процента из них – это сотрудники правоохранительных органов – МВД и мы, следственные органы», – заявляет Бастрыкин[36]. Данные цифры заставляют задуматься. Что говорить о чиновниках, когда даже сотрудники правоохранительных органов, которые должны бороться и искоренять коррупцию, не только этого не делают,

---

[36] Самыми коррумпированными в России оказались милиционеры и военные. [Электронный ресурс]. Режим доступа: http://lenta.ru/news/2011/01/13/mostcorrupt/ (дата обращения: 08.11.12).

а, наоборот, всячески содействуют распространению данного явления в России.

Если рассмотреть историю нашей страны, то мы увидим, что взяточничество начинает набирать свои обороты еще с момента становления государства. Никакие страшные наказания, такие как заключение в темницу, четвертование или колесование не смогли побороть это явление еще в древности. Так, например, в наказание за мздоимство, Петр I приказал повесить сибирского губернатора Матвея Гагарина. Или другой пример, в 1648 году царь Александр Михайлович отдал на расправу народу главу земского приказа Леонтия Плещеева за то, что тот занимался вымогательством[37]. Но, несмотря на все эти наказания, люди продолжали заниматься взяточничеством. А если коррупционеров не страшит даже смерть, то что тогда может остановить их деятельность? Я думаю, что ничего.

В своем произведении «Генералы песчаных карьер» писатель Гера Фотич пишет о коррупции в органах МВД. Через своего главного героя автор, на мой взгляд, очень четко и правильно отвечает на вопрос о невозможности искоренения коррупции в России: «Только на совещаниях силовиков в Москве периодически звучала тема борьбы с коррупцией. На самом деле все понимали, что борьбы с ней быть не может исходя из самой ее сути. Поскольку для этого надо, чтобы каждый руководитель посадил себя в тюрьму, назначил себе срок и конфисковал свое имущество, в большинстве своем нажитое преступным путем, а затем принялся за своих родственников. А поскольку этого никогда не будет, то нужно делать вид и жертвовать наиболее заевшимися или

---

[37] Цепляев В. 10 самых суровых наказаний за коррупцию. [Электронный ресурс]. Режим доступа: http://www.aif.ru/society/article/42478 (дата обращения: 09.11.2012).

ставшими неугодными членами круговой поруки»[38]. Я полностью согласна с этим высказыванием, ведь, действительно, чтобы избавиться от коррупции, необходимо, чтобы и те люди, которые дают взятки, и те, которые эти взятки принимают, поняли, какой вред приносит такое взаимодействие, и отказались от этого, что, к сожалению, невозможно.

Таким образом, на мой взгляд, коррупцию в нашей стране победить нельзя. Сегодня она настолько сильно пропитала всю нашу жизнь, что избавиться от нее уже нереально. Взяточничество окружает нас везде: в судах, в полиции, в учебных заведениях[39]. Существует такая пословица: «Глаза золотом запорошат — ничего не увидишь». Мне кажется, что эта пословица говорит нам о том, что очень мало людей могут отказаться от взятки. На ум сразу же приходит другая поговорка: «Денег много не бывает», то есть, как бы ни был богат человек, он все равно будет стремиться незаконно получать материальные ценности, а это, как известно, и есть взяточничество. К тому же, как мы знаем, пословицы и поговорки придумывались и передавались людьми из поколения в поколение столетиями, что еще раз доказывает, что взяточничество существует уже очень давно. Коррупция — это болезнь, которой давно заразилась наша страна, а вылечиться не может и по сей день. Эта болезнь только прогрессирует и, по моему мнению, будет развиваться и дальше.

---

[38] Рыбакова Г. Можно ли в России когда-нибудь победить коррупцию? [Электронный ресурс]. Режим доступа: http://shkolazhizni.ru/archive/0/n-42928/ (дата обращения: 08.11.2012).

[39] Попова А. Коррупция разъедает Россию — суд последняя надежда. [Электронный ресурс]. Режим доступа: http://news.bcm.ru/criminal/2012/4/17/411759/1 (дата обращения: 09.11.12).

Маргарита Ульянова

Коррупция в России: большой ураган или маленький шторм?

В своей работе я бы хотела ответить на главный вопрос: можно ли победить коррупцию в Российской Федерации или нет? Каких масштабов она достигла? Сначала я бы хотела разобрать эту проблему со стороны истории, узнать, когда и как именно появилось это явление. Вторым важным аспектом моей работы является изучение ситуации в наши дни. Очень важно узнать о том, стали ли люди больше давать взяток или же, наоборот, их количество уменьшилось? Также я попыталась сделать самостоятельные выводы, основываясь на прочитанном материале, новостях, которые предоставляют СМИ, и мнениях моих знакомых.

Коррупция в России — это явление историческое и сформировалось оно не в один день, а с течением долгого периода времени. Это подтверждают исторические источники. Самым распространенным примером коррупции на Руси можно считать «кормления». При Алексее Романове впервые на людской суд были отданы два чиновника, которые были уличены во взяточничестве. При Петре Первом была впервые в России установлена уголовная ответственность для взяткодателей. При Юрии Андропове создавались специальные следственные бригады. Были проведены две крупные чистки в Азербайджане и Грузии, и следственной бригаде удалось доказать, что деньги, получаемые этими республиками, шли не на нужды народа, а в карман партийных руководителей. Петр Первый, Алексей Романов, Юрий Андропов боролись с этим явлением[40].

---

[40] История коррупции в России. [Электронный ресурс]. Режим доступа: http://fms.tambov.gov.ru/book/export/html/286 (дата обращения: 10.12.2012).

Но были и те, которые поощряли взяточничество. Например, при Анне Иоановне из-за больших трат на придворные увеселения в казне часто не хватало средств на выплату жалования чиновникам, что фактически способствовало процветанию коррупции, с которой правительство декларативно боролось[41]. При Леониде Брежневе коррупция процветала. Личный друг Брежнева, босс Краснодарского края Сергей Медунов придал взяткам во вверенной ему вотчине официальный статус. Взятки платились за все: за номер в гостинице, поступление в вуз, прием в ленинскую партию, повышение по службе и т. д. Большую часть взятки низший чиновник передавал высшему. Эти ручейки денег стекались в реку, шли к Медунову и частично в Москву. Министерство внутренних дел, прокуратура и суды были разъедены коррупцией, как ржавчиной. Прокуратура и суды реагировали в основном на звонки из партийных органов — к этому приучила их партия коммунистов. Никто не смел поднять голос против проворовавшихся вождей. Партийные боссы национальных республик легко приспособили коммунизм к феодальным и родовым обычаям. Они имели все: дворцы и частные тюрьмы, могли казнить и миловать сограждан по своему капризу или расчету. Закон безмолвствовал[42].

Современная ситуация также оставляет желать лучшего. В газетах и по телевизору, в программах «Новости» и «Вести» постоянно сообщают о новых фактах взяточничества. Девятого декабря итоговый выпуск программы «Новости» был посвящен теме коррупции и борьбе с ней. Показывали материалы расследований и интервью нашего премьер-

---

[41] Анна Иоанновна. [Электронный ресурс]. Режим доступа: http://www.imperialhouse.ru/rus/imperialhouse/succession/monarh/1269.html (дата обращения: 10.12.2012).

[42] Теневая политика Брежнева. [Электронный ресурс]. Режим доступа: http://www.kursburo.ru/component/djcatalog/item/6-ref-work/79-ref74 (дата обращения: 10.12.2012).

министра Дмитрия Медведева. Очень часто говорят о том, сколько взяточников разоблачили. Например, начальник паспортного стола «Южное Бутово» требовал по 60 тысяч рублей с желающих получить регистрацию по месту пребывания в столице сроком на пять лет. Также много информации о коррупции в России можно найти на различных сайтах. Еще один пример взяточничества: начальник из рыболовного ведомства на Брянщине получил взятку от руководителя коммерческой организации в размере 100 тысяч рублей. Другой пример, который можно назвать очень нелогичным. Начальник оперативно-разыскной части экономической безопасности и противодействия коррупции Алтайского линейного управления МВД России Владимир Еромасов был уличен во взяточничестве. Он получал взятки с 2009 по 2011 года в общей сумме 500 тысяч рублей от предпринимателей, осуществлявших свою деятельность на объектах транспортной инфраструктуры.[43]

Борьба с коррупцией, конечно же, есть, ведь мы знаем все эти примеры, и они открыто публикуются в СМИ. Но очень сложно искоренить то, что уже стало нормой для нашего общества. Наш президент Владимир Путин посвятил свое послание к Федеральному собранию, которое состоялось 12 декабря, именно теме коррупции.

Проделав эту работу, я узнала о том, как продвигается борьба с этим явлением и злом в нашем обществе. Я сделала для себя вывод, что коррупцию именно в нашей стране искоренить невозможно, как бы ужасно это ни звучало. В нашей стране взятки начали брать и давать еще много столетий назад. Это явление можно сравнить со снежным комом: падая с горы, он становится все больше и больше. Так и

---

[43] Примеры разоблачения взяточников. [Электронный ресурс]. Режим доступа: http://www.corrupcia.net/news/price/fact-7816.html (дата обращения: 10.12.12).

«обороты» взяточничества растут очень быстрыми темпами. В России многие проблемы решаются именно путем дачи взятки. Люди просто привыкли так поступать. Наверное, в нашей стране уже не осталось человека, который ни разу в жизни не давал взятку. Я думаю, когда-нибудь к нам придет осознание этого и мы начнем действовать. Когда-нибудь...

Ирина Юн

Бессмертная и долговечная коррупция в России. Историческое прошлое и современность

«Коррупция в России перестала быть проблемой, а стала системой», — именно такую, отнюдь не оптимистичную оценку коррупционной деятельности, представляют на сегодняшний день члены Партии народной свободы[44]. Подтверждая их субъективное мнение на этот счет, следует отметить тот факт, что именно в этой стране данный «недуг» возник еще в древние времена[45] и продолжает свое существование до сих пор. Она присутствует практически во всех сферах жизни российского общества. Поэтому, на мой взгляд, коррупцию в России не просто нельзя, а невозможно победить.

Начало коррупции в России было положено во времена существования древнейшей России, когда в связи с началом процессов глобализации и активной внешней торговли начались первые кризисы коррупции, связанные со сосредоточением власти в руках олигархии и постепенным сокращением численности населения страны[46]. Далее на протяжении всей истории России имел место факт дачи взяток и борьба с коррумпированностью. Так, первым государем, издавшим первый в российской истории закон об ограниче-

---

[44] Путин. Коррупция. Независимый экспертный доклад. / под ред. В. Милова, Б. Немцова, В. Рыжкова, О. Шориной, 2011. — 40 с.- [Электронный ресурс]. Режим доступа: http://www.putin-itogi.ru/ (дата обращения: 05.11.2012).
[45] Кузовков. Ю.В.История коррупции в России . М.: Издательство Анима-Пресс, 2010. – с. 24
[46] Кузовков. Ю.В. Там же. – с. 25

нии коррупционных действий, был Иван III[47]. Затем в Соборном уложении 1649 г. также были предприняты санкции в отношении коррупционеров: в статьях 5 и 7 говорилось об уголовной ответственности за принятие вознаграждения должностными лицами судебных органов[48]. Во времена правления Петра Великого предпринимались масштабные государственные реформы по искоренению коррупции, однако, она все равно продолжала жить и процветать. Далее меры по борьбе с коррупцией в царской России стали более радикальными. Так, в 1845 г. было принято «Уложение о наказаниях уголовных и исполнительных» с расширенным перечнем и определением различных коррупционных сторон»[49]. Александр II решил глубже проанализировать ситуацию и найти так называемый корень зла, в связи с чем в ноябре 1862 года был принят указ «Об изыскании причин и представлении средств к искоренению сей язвы»[50], вследствие которого были выявлены три основные причины, ведущие к взяточничеству: «несовершенство законов, низкая материальная и финансовая обеспеченность государственных служащих и несоразмерность преступлений и наказания»[51]. С приходом советского правительства был также проведен анализ этой «заразы» и поиски ее искоренения. Были созданы специальные программы по борьбе с коррупцией, к примеру, документ под номером ПР342 П9А, изданный под грифом «совершенно секретно» 1 сентября 1922 года и подписанный заместителем председателя Совета труда и обороны Алексеем Рыковым и заместителем секре-

---

[47] Мизерий А.И. История борьбы с коррупцией в России. - Нижний Новгород: Издательство Нижегородского государственного университета им. Н.И. Лобачевского, 2001. – с. 182
[48] Мизерий А.И. Там же
[49] Мизерий А.И. Там же. – с.184
[50] Мизерий А.И. Там же. – с.186
[51] Мизерий А.И. Там же. – с.187

таря Совета труда и обороны Марией Гляссер[52]. В этом документе представлены такие меры борьбы с взяточничеством и другими видами коррупции, как репрессии, законодательное регламентирование устава, уничтожение системы выдачи мандатов и другие[53]. И тем не менее, даже в советское время не удалось искоренить коррупцию.

Несмотря на то, что прошла не одна сотня лет с момента появления коррупции, несмотря на попытки борьбы с ней, ситуация в стране, как это ни парадоксально, стала только хуже. Так почему же так происходит? Почему коррупция упорно продолжает свою бренную жизнь? Неужели ни одно российское правительство не способно противостоять этому? Быть может, именно правительство во всем и виновно, как любят утверждать многие обыватели? Все не так просто, как может показаться на первый взгляд.

Для ответа на эти вопросы следует обратиться к данным Всероссийского центра изучения общественного мнения (ВЦИОМ), исследования которого показали, что «каждый второй россиянин (53%) признает, что у него есть личный опыт дачи взяток для решения своих проблем, большинство россиян (61%) считают, что коррупция начинается именно с мелких взяток — подарков, денег врачам, преподавателям школ и вузов»[54]. Из данного опроса вытекает весьма очевидная сложившаяся ситуация: коррупция стала частью культуры, менталитетом, своеобразным образом жизни российских граждан. Это и логично, ведь она играла важную роль в формировании сознания русского народа на протя-

---

[52] Соловьев В.Р. - Империя коррупции. Территория русской национальной игры. М.: Издательство Эксмо, 2012. – с. 3
[53] Соловьев В.Р. Там же
[54] Бызов Л., Кофанова Е. Коррупция: Норма жизни. [Электронный ресурс]. Режим доступа:
http://wciom.ru/index.php?id=195&uid=2861 (дата обращения: 05.11.2012).

жении всей его истории. Именно этот пункт является камнем преткновения в решении этого острого и важного вопроса.

В завершение я хочу еще раз отметить, что, на мой взгляд, в России россияне никогда не смогут справиться с коррупцией, о чем говорит неутешительное историческое прошлое борьбы с ней, а также социологические опросы населения. Несмотря на огромное желание этой страны играть весьма весомую роль на мировой арене, вопреки попыткам, официальным заявлениям властей о явном продвижении России в лучшую, развитую сторону, факт наличия коррупции, кото

рая приобретала различные формы, то затихая, то вновь появляясь, не даст России стать передовой страной до тех пор, пока не начнется масштабная акция по улучшению внутреннего состояния страны, по изменению менталитета и культуры населения. В противном случае Россия по-прежнему будет занимать последние места в рейтинге индекса восприятия коррупции (в 2011г. — 143 место)[55].

---

[55] Corruption Perceptions Index 2011. [Электронный ресурс]. Режим доступа: http://cpi.transparency.org/cpi2011/results/ (дата обращения: 05.11.2012).

Светлана Яцук

Можно ли победить коррупцию в России: опыт Сингапура и Гонконга

Коррупция в РФ – одна из основных проблем в стране. Можно ли ее преодолеть? На мой взгляд, ответ однозначен – нет. Полностью искоренить коррупцию в нашей стране не получится, а вот гораздо уменьшить ее масштабы возможно. Нужно лишь захотеть с ней бороться.

Есть несколько примеров стран, которые при помощи умело проведенной политической кампании смогли практически полностью уничтожить коррупцию в своем государстве. Одно из таких государств – Сингапур.

Как начали действовать власти Сингапура? В первую очередь они сосредоточили свое внимание на крупных взяточниках в высших эшелонах власти. Доказательством взяток стали считать несоответствие заработной платы чиновника его имуществу, образу жизни. Множество влиятельных сановников были посажены в тюрьмы, а некоторые, не выдержав давления, кончили жизнь самоубийством. Все это произвело должный эффект: брать взятки стали бояться все. Помимо этого, власти повысили заработную плату чиновникам и судьям. Немаловажным фактом является и то, что сам премьер-министр подавал пример честности и неподкупности: он не покрывал своих родственников и соратников, не имел никаких льгот, прислуги, автомобиля[56].

Такой эффективный метод «кнута и пряника» довольно скоро дал положительные результаты. Уже в 2009 году Сингапур стал занимать третье место в рейтинге Transparency

---

[56] Цепляев В. Феномен Сингапура: как на помойке выросли небоскребы. [Электронный ресурс]. Режим доступа: http://www.aif.ru/money/article/32879 (дата обращения: 30.10.2012).

International по индексу восприятия коррупции[57]. По данным 2012 года Сингапур в этом рейтинге занимает пятое место[58].

Еще одним примером успешной борьбы с коррупцией можно считать Гонконг. Для этого правительством было принято всего три меры. Первая – отмена презумпции невиновности для чиновников. Если чиновник не в состоянии доказать, что он законным путем приобрел средства, лежащие на счетах или на которые куплено какое-либо имущество, то он подвергается аресту.

Вторая мера – создание независимой комиссии по борьбе с коррупцией (НКБК), которая подчиняется генерал-губернатору. Сотрудники этой комиссии имеют высокие оклады. Никто не может повлиять на НКБК. А чтобы у самих сотрудников данной комиссии не возникло соблазна обогатиться на взятке, за работой НКБК следят общественные организации из представителей интеллигенции и бизнеса. Если общественная организация предоставит документальные подтверждения нарушения закона каким-либо специалистом НКБК, то этот сотрудник будет тут же уволен.

И, наконец, последняя, третья мера – люди и журналисты получили возможность сообщать о взяточниках. Нужно отметить, что в Гонконге не является преступлением дача взятки. Поэтому люди, ставшие жертвами коррупции, не боялись сообщать НКБК о взяточниках. Все факты поимки коррупционеров освещались в прессе, люди заметили серьезные намерения правительства и поддержали его в борьбе

---

[57] Corruption Perceptions Index 2009. [Электронный ресурс]. Режим доступа: http://archive.transparency.org/policy_research/surveys_indices/cpi/2009/cpi_2009_table (дата обращения: 30.10.2012).

[58] Corruption Perceptions Index 2012. Там же.

с коррупцией[59]. Итог такой политики четырнадцатое место в рейтинге Transparency International за 2012 год[60].

Что же касается России, то не так давно, 26 октября 2012 года, Госдумой был принят законопроект о контроле над расходами чиновников[61]. Документ устанавливает основы осуществления контроля за соответствием расходов чиновника, его супруги, их несовершнолетних детей их общему доходу. Чиновникам будет необходимо представлять отчеты по всем сделкам по приобретению недвижимости, транспорта, ценных бумаг. Сделка, совершенная на сумму, превышающую семейные доходы, достаточное основание за установлением контроля над расходами.

Поможет ли данный законопроект искоренить коррупцию? Думается, что нет. Во-первых, в законопроекте ничего не сказано о приобретении ювелирных изделий, антиквариата, произведений искусства. А во-вторых, ничто не мешает чиновникам переоформлять имущество на близких родственников. Можно предположить, что данный законопроект создан вовсе не для борьбы с коррупцией, а лишь для отвода глаз населения.

Нам есть чему поучиться у Гонконга и Сингапура, но будут ли их методы эффективны в России? Довольно сложный вопрос. Во-первых, тот, кто организовывает кампанию по борьбе с коррупцией, прежде всего сам должен быть чест-

---

[59] Мазурик Л. «Докажи, что живешь на законные». Как Гонконг победил коррупцию. [Электронный ресурс].Режим доступа: http://pravo.ru/review/open_review/view/33469/ (дата обращения: 30.10.2012).

[60] Corruption Perceptions Index 2012. Там же.

[61] Госдума приняла во втором чтении законопроект о контроле за расходами чиновников. [Электронный ресурс]. Режим доступа: http://er.ru/news/2012/10/26/gosduma-prinyala-vo-vtorom-chtenii-zakonoproekt-o-kontrole-za-rashodami-chinovnikov/ (дата обращения: 30.10.2012).

ным. Начинать нужно с верхов. Не думаю, что при нынешней ситуации в нашей стране это возможно.

Во-вторых, при повышении заработной платы чиновников все равно найдутся те, кто будут брать взятки, ведь, порой, человеческая жадность не имеет границ.

Весьма разумно было бы не возлагать одинаковую ответственность на тех, кто берет взятки и тех, кто их дает. По российскому уголовному законодательству освобождение от уголовной ответственности за дачу взятки может наступить лишь в том случае, если будет доказан факт вымогательства взятки[62]. И чаще всего получается так, что ответственность несут рядовые граждане, а чиновники выходят сухими из воды.

Немаловажным является и тот факт, что коррупция в России затрагивает не только сферу государственного управления, но и встречается практически во всех сферах деятельности. В данном случае коррупцию невозможно будет победить до тех пор, пока каждый человек сам для себя не решит жить по закону. Ведь очень часто люди сами дают взятки, хотя их об этом никто не просит. Это уже вошло в привычку, перестало быть чем-то особенным.

Таким образом, чтобы бороться с взяточничеством в России необходимо, прежде всего, реальное стремление властей. Невозможно победить коррупцию, если борьбу против нее ведут сами коррупционеры.

---

[62] Уголовный кодекс Российской Федерации от 13.06.1996 N 63-ФЗ (ред. от 16.10.2012), Статья 291.